N X

LISTE GÉNÉRALE

ET

TRÈS-EXACTE

Des noms, âges, qualités et demeures de tous les Conspirateurs qui ont été condamnés à mort par le Tribunal révolutionnaire, établi à Paris par la loi du 23 Thermidor, deuxième année républicaine, pour juger tous les ennemis de la Patrie.

Vous qui faites tant de victimes,
Ennemis de l'égalité,
Recevez le prix de vos crimes ;
Et nous aurons la liberté.

Prix 15 sols.

A PARIS,

Chez { Le citoyen CHANNAUD, rue Éloi, N°. 38, près le Palais.
Le citoyen MARCHAND, galerie neuve du Palais-Egalité.
Tous les Libraires et Mds. de Nouveautés.

L'an troisième de la République Française, une, in-divisible et impérissable.

INSTALLATION
DU NOUVEAU TRIBUNAL
RÉVOLUTIONNAIRE.

Le 22 Thermidor, la Convention a décrété que le Tribunal Révolutionnaire jugeroit d'après les loix antérieures à celle du 22 Prairial, c'est-à-dire, conformément à son organisation du 10 mars, 1793.

Installation du nouveau Tribunal révolutionnaire établi à Paris, par la loi du 23 Thermidor, deuxième année républicaine, dont les noms sont ci-dessus dénommés.

D'OBSENT, *Président.*

Leblois, accusateur public près le tribunal criminel du département des Deux-Sèvres.

Substituts de l'Accusateur public.

Bordet, ex-procureur-général-sindic du département de la Moselle.

Couturier, accusateur public près le tribunal criminel du département de l'Isère.

Granger, substitut de l'accusateur public près le tribunal criminel du département du Nord.

Petit, juge du tribunal du cinquième arrondissement de Paris.

Sembauzel, d'Agen, département de Lot et Garonne.

Fabricius, *Greffier.*

VICE-PRÉSIDENS,

Bravet, auparavant juge au tribunal du district de Sèvres, département des Hautes-Alpes, et juge au tribunal révolutionnaire.

Deliege, président du tribunal du district de Montagne-sur-Aisne.

Abrial, juge au Puy, département de la Haute-Loire.

Bido, président du tribunal du district de Saucoins, à Dieu-sur-Oron.

Denisot, ci-devant juge au tribunal révolutionnaire.

Dajoux, citoyen d'Aurillac.

Dumoulin, président du district de Douai.

Forestier, juge de paix à Ravières, département de l'Yone.

Godinet, le jeune, membre du directoire du département de la Haute-Marne.

Gau, commissaire national au tribunal du district d'Avesnes.

Gourmeaux, ci-devant juge de Rhétel, à Château-Porcien.

Hardouin, ci-devant juge au tribunal révolutionnaire.

Jaly, ci-devant procureur-général-syndic du département de la Haute-Saône.

Lafond, juge au tribunal du district de la Souterraine.

Lavallé, officier municipal à Damartin.

Laplante, président du tribunal du district de Blamont.

Maire, juge du tribunal révolutionnaire.

Meyère, ex-juré au tribunal révolutionnaire.

Perrin, juge au tribunal du district de Marseille.

Poulnot, juge suppléant au tribunal du district de Champlitte.

Savary, de Cholet.

Jurés.

Nadeau, commis au district de Saintes,

Dery, de Montargis,

Cherel, de Bourg,

Beaufils jeune, ci-devant administrateur de la Nièvre, à la Charte,

Saulnier, section de Bondy, rue Lancry,

Dumas, ingénieur, section de Bondy,

Métivié, juge au tribunal du troisième arrondissement.

Cayalle, rue Antoine, section de l'Arsenal,

Bonnetier, rue Antoine maison Remi,

Delrautteau, rue du Parc, n°. 506,

Legras, rue Antoine, n° 251.

Redon, d'Avignon.

Labroux, rue Guénégaud, à Paris, n°. 22.

Poux, demeurant à Saint-Antonin, département de l'Aveiron.

Dordela, de Ligny, département de la Meuse.

Sambla, juré au tribunal révolutionnaire.

Les-Bazeille, maire de Sézanne.

Saturnin Rivoire, de Pont-sur-Rhône.

Aubert, administrateur du département du Var, à Grasses.

— Nicolas Cateux, de Chaumont, département de l'Oise.

Dutil, du comité révolutionnaire de la section du Temple,

Magendy, section de la Fontaine de Grenelle.

Prat fils, agriculteur, de Bourg-sur-Rhône, département de l'Ardèche.

Nantil, de Pont-à-Mousson.

Capella, juge-de-paix de Nicolas, district de Grenade.

Belhoste, administrateur du département de la Seine-Inférieure.

Raimbaut, administrateur du département de la Côte-d'Or.

Boule, aubergiste à Tulle, département de la Corrèze.

Lecour, commis à l'administration du district d'Avranche.

Reynes, de Rubastens, district de Gaillac, département du Tarn.

Paillict, juge du tribunal révolutionnaire.

Maupin, architecte à Versailles.

Duval, perruquier, rue de Verneuil, section de la Fontaine de Grenelle.

Domer, de Metz, ébéniste.

Petit-Tressin, de Marseille.

Tipono Lebrun, pintre, juré au tribunal révolutionnaire.

Jollz, de Nancy, à Bar-sur-Ornain.

Huillou, officier munipal à Blois.

Pérès, cultivateur à Bagnère.

Salmon, médecin à Lille.

(6)

De Vaise,

Lamothe, d'Oléron, département des Basses-Pyrénées.

Vaillant, aîné, archiviste du département de la Côte-d'Or.

Roussel, commis à la conservation des biens de la ci-devant liste civile.

Alzelin, commis au district de Dijon.

Lebreton, tailleur, rue Helvétius.

Bazaine, commis au bureau de la commission des finances.

Ouichaud-Lion, administrateur du département de la Charente.

Ramboure père, administrateur du district de Besançon.

Libre, ci-devant Lerei, officier vétéran, aux Invalides.

Dubuisson, juge du district de Jusey.

Tourrette, ancien administrateur du département de la Charente-Inférieure.

Delapierre de Thionville.

Presselin, juré au tribunal révolutionnaire.

Bouret, horloger, maison Egalité.

Duplais, juge-de-paix du canton de Saujon, département de la Charente-Inférieure.

LISTE
DES
GUILLOTINÉS

Place de la Révolution et Place de Grève.

Notâ. Il a été oublié au Supplément du n°. IX, affaire de la commune de Paris, Séance du 11 Thermidor, page 14.

2743. Le nommé Nicolas le Lièvre, graveur en pierre, natif de Paris, demeurant rue Martin, section des Lombards, âgé de 40 ans, membre de la Commune.

A la première audience du 29 Thermidor, le Président a observé que Mattey, ex-curé de Montereau, condamné à 20 années de galères, nommés jurés, ensuite suspendu de ses fonctions par décrets de la Convention nationale du 25 de ce mois, se trouvoit au nombre des jurés, le Tribunal a déclaré les débats nuls, a ordonné qu'ils seront recommencés, et le président a enjoint à Mattey de se retirer, ce qui a été effectué au milieu des applaudissemens de l'auditoire; et attendu que le tribunal alloit se rendre à la convention nationale pour y rendre compte de cet événement, la séance a été levée pour être reprise le primidi suivant.

2744. Audience du primidi, premier fructidor. Affaire de Jean-Saumont, dit Labran, interrogé de ses noms et surnoms, âge qualité et demeure, a répondu se nommer Jean-Saumont, dit Labran, âgé de 54 ans, natif de la Roche Foucault, cultivateur, demeurant à Busserolles, département de la Dordogne. Le Greffier, donne lecture de l'acte d'accusation, il en résulte que le susnommé est prévenu d'avoir tenu des propos contre-révolutionnaire, d'avoir pratiqué des manœuvres tendantes à empêcher le recrutement des trois cents mille hommes ordonnés par la loi du 26 février 1793; d'avoir provoqué la résistance aux autorités constituées; d'avoir commis des meurtres et assassinats contre plusieurs citoyens de la force armée; enfin, d'avoir par tous ces moyens cherché à allumer la guerre civile, en armant les citoyens les uns contre les autres. Après l'interrogatoire subi par l'accusé et les dépositions des témoins, les débats ont été fermés; après que l'accusateur public et les défenseurs officieux ont été entendus, il est intervenu le jugement suivant : Sur la déclaration unanime du Jury, portant qu'il est constant qu'il a existé contre la République, sa sûreté et sa tranquillité, une conspiration contre le peuple Français, et qu'il a été commis des meurtres et assassins sur plusieurs citoyens; et notamment sur le Commandant de la force armée, et que la guerre civile a été provoquée pour armer les citoyens les uns contre les autres, que Saumont étoit un des complices de ladite conspiration; en conséquence le Tribunal, après avoir entendu l'accusateur public sur l'application de la peine, et d'après les lois par lui invoquées, a condamné ledit Saumont à la peine de mort, et déclaré ses biens confisqués au profit de la République.

Même audience, Salle de la Liberté.

2745. Le nommé Antoine-Lavaud, âgé de 31 ans, natif de Mont-faucon, défenseur officieux près le tribunal civil de Bordeaux et membre du bureau de conciliation près ledit tribunal, prévenu d'avoir cherché à allumer la guerre civile, en se mettant à la tête d'un rassemblement d'hommes égarés, pour empêcher le recrutement du 20 février; lecture faite de l'acte d'accusation, il en résulte que Lavaud est frère d'émigré, qu'il faisoit les fonctions d'homme de loi à Gourgon, et qu'il a tenté tous les moyens pour exciter des troubles dans cette Commune, qu'il a été vu à l'époque du recrutement à la tête d'environ 100 hommes, où il tenoit journellement des conciliabules nocturnes, insulter le commissaire chargé de faire la levée des volontaires, en criant à bas la tête du commissaire, et que l'on entendit cette troupe de forcenés crier dans les rues de Gourgon : vive le roi, et firent tous leurs efforts pour arracher le bonnet de la liberté qui surmontoit au-dessus d'un arbre, planté sur la place. Plusieurs témoins ont été entendus dans cette affaire; les débats ont été fermés, après que l'accusateur public et le défenseur officieux ont été entendus, il est intervenu le jugement suivant : portant qu'il est constant qu'il a existé une conspiration dans la commune de Gourgon contre la liberté du peuple Français, tendant à empêcher le recrutement, en insultant l'arbre de la liberté, en criant vive le roi ; que Antoine Paul Lavaud est auteur de cette conjuration ; en conséquence le Tribunal, après avoir entendu l'accusateur public sur l'application de la peine et d'après les lois par lui invoquées, a condamné Antoine Paul Lavaud, à la peine de mort, et a déclaré ses biens acquis et confisqués au profit de la République.

2746. Le nommé Deschamps, âgé de 29 ans, natif de Breville, district de Bernay, département de l'Orne, adjudant d'Henriot, et ci-devant marchand de bas, domicilié à Paris, rue des Petits-Augustins, n°. 15. a été amené à l'audiance; il avoit été par décret de la convention nationale, ainsi que tous les adjudants d'Henriot, mis hors de la loi, pour avoir secondé la rébellion de la commune de Paris à main armée; en conséquence, Deschamps, après l'idendité de sa personne bien constatée par témoins, a été livré à l'exécuteur des jugements criminels, pour être mis à mort, conformément à la loi; a été exécuté sur la place de la Révolution.

Séance du 5 fructidor.

2747. Interrogé de ses noms, âge, qualités et demeure, a répondu se nommer Jean-Baptiste Mitre Gonard, natif d'Aix en Provence, département des Bouches-du-Rhône, ex-religieux minime, avant la révolution, vicaire constitutionnel de l'évêque d'Aix, et ensuite

B

desservant de l'eglise de Cernais, de Marseille, et enfin volontaire du premier bataillon des Phocéens, domicilié à Cette, département de l'Hérault; lecture faite de l'acte d'accusation, il en résulte que Gonard est un des agens de la faction qui devoit se tenir à Bourges, où l'on devoit anéantir la liberté et déchirer le sein de la république, par le monstrueux système du fédéralisme; après l'intérogatoire et les dépositions des témoins, les débats ont été fermés; après que l'accusateur public et le défenseur officieux ont été entendus, il est intervenu le jugement suivant, sur la déclaration unanime du juré: portant qu'il est constant qu'il a existé une conspiration contre la liberté et la sûreté du peuple Français, et que l'accusé est convaincu d'être un des auteurs ou complice de la conspiration, en se réunissant comme électeur aux partisans de la faction fédéraliste, à Aix et à Marseille, qu'il est pareillement convaincu de l'avoir fait dans des intentions criminelles et contre-révolutionnaire, en conséquence le Tribunal, après avoir entendu l'accusateur public sur l'application de la peine, et d'après les lois par lui invoquées, a condamné ledit Gonard à la peine de mort, et déclaré ses biens confisqués au profit de la république.

Salle de la Liberté. Séance du 6 fructidor.

2748. Pierre-Thomas Baillemont, âgé de 42 ans, natif de Rouen, faisant l'échange lors de l'éxistance de la bourse, domicilié à Paris, rue du Jour. Lecture faite de l'acte d'accusation; il en résulte que Baillemont étoit associé à un nommé Lamotte Piquet, que la mort a soustrait au châtiment, ils s'étoient coalisés pour à l'aide de faux certificats de résidence, qu'ils procuroient aux conspirateurs émigrés, pour faciliter leurs entrée sur le territoire français, et livrer ainsi la république aux trames et aux complots de ses plus cruels ennemis; après l'intérogatoire et les dépositions des témoins, les débats ont été fermés; après que l'accusateur public et le défenseur officieux ont été entendus, il est intervenu le jugement suivant, sur la déclaration unanime du juré: portant qu'il est constant qu'il a existé dans le courant du mois de may 1795 vieux style, une conspiration tendante à rompre l'unité et l'indivisibilité de la république, en pratiquant des manœuvres tendantes à procurer à prix d'argent des cartes civiques, des certificats de non émigrations, et des certificats de résidence, pour soustraire des émigrés aux peines portées par la loi, et que ledit Baillemont est convaincu de s'être rendu auteur ou complice de la conspiration, et l'avoir fait dans des intentions contre-révolutionnaires ; en conséquence le Tribunal, après avoir entendu l'accusateur public sur l'application de la peine et d'après les loix par lui invoquées, a condamné ledit Baillemont à la peine de mort, et déclaré ses biens acquis et confisqués au profit de la république.

Séance du 11 fructidor.

2749. Jean Servin, âgé de 70 ans, natif de Malserbes, ex-notaire et élu en la ci-devant élection d'Etampes, y demeurant ; lecture faite de l'acte d'accusation, il en résulte que ledit Servin s'est constamment montré l'ennemi de la liberté et le partisant de la tyrannie ; enfin Servin passe dans sa commune pour avoir été l'agent de plusieurs ci-devant nobles émigrés, on a même trouvé chez lui un écrit qui prouve son attachement à la tyrannie ; cet écrit est intitulé Cataphalque élevé à la mémoire de Louis Seize, roi de france et de navare, par ordre de monseigneur le prince Condé, et par la noblesse émigrée de france, à Wilinghere en Allemagne, en février 1793 ; cet écrit contient l'oraison funèbre du tyran prononcé par l'imfâme Condé ; après l'interrogatoire et la déposition des témoins, les débats ont étés fermés, après que l'accusateur public et le défenseur officieux ont été entendu, il est intervenu le jugement suivant : sur la déclaration unanime du juré, portant qu'il est constant qu'il à existé une conspiration contre la république, en employant des manœuvres contre-révolutionnaires pour empêcher le départ des volontaires de la Haute-Vienne, et provoquant la dissolution de la représentation nationale, et au rétablisssment de la royauté; que Servin est convaincu de s'être rendu auteur ou complice de ladite conspiration, et qu'il la fait dans des intentions criminelles et contre-révolutionnaires; en conséquence le Tribunal, après avoir entendu l'accusateur public, sur l'application de la peine et d'après les lois par lui invoquées, a condamné ledit Servin à la peine de mort, et déclaré ses biens acquis et confisqués au profit de la république.

Salle de la Liberté. Audience du tridi 13 Fructidor.

2750. Interrogé de ses noms, sur-noms, âges, qualités et demeure, a dit se nommer Joseph-Julien Lemonier, âgé de 58 ans, natif de Paris, y demeurant, rue de la Mortellerie, section de la Fidélité, ci-devant maison-Commune, huissier et commissaire civil de ladite section: lecture faite de l'acte d'accusation, il en résulte que le susnommé est prévenus d'avoir participé à la rébellion de la commune de Paris, dans la nuit du neuf au 10 thermidor, avec quarante et un de ses complices; après l'interrogatoire et les dépositions des témoins, après que l'accusateur public et le défenseur officieux ont été entendus, il est intervenu le jugement suivant sur la déclaration unanime du juré: portant qu'il est constant qu'il a existé dans la nuit du neuf au dix thermidor, au sein du conseil général de la commune de Paris, composé des officiers municipaux et des notables de cette commune, une conspiration tendante à soustraire au glaive de la loi les frères Robespierre, Couton, St.-Just, Lebas, Henriot, Coffinal, et autres conspirateurs, et chercher à dissoudre la Convention nationale et rétablir la royauté en France, et que Lemonier est le seul convaincu d'avoir prêté ledit serment dans des intentions criminelles et contre-révolutionnaires, et de l'avoir fait dans l'intention de seconder les projets de la commune rebelle; en conséquence le Tribunal, après avoir entendu l'accusateur public sur l'application de la peine, et d'après les lois par lui invoquées, a condamné ledit Lemonier à mort, et déclaré ses biens acquis et confisqués au profit de la république.

Séance du septidi 17 fructidor.

2751. Jean-Paulmier, âgé de 28 ans, natif de Seceny-aux-Vignes, département du Calvados, domestique, ensuite commis dans les fourrages de la république, à Rouen; lecture faite de l'acte d'accusation, il en résulte que le susnommé est prévenu d'avoir commis des dilapidations et infidélités dans l'administration des fourrages qui lui étoit confiée, et d'avoir trahi les intérêts de la république, en pillant et fraudant par toutes sortes de voies dans des magazins de subsistances militaires; après l'interrogatoire et les dépositions des témoins, les débats ont été fermés; après que l'accusateur public et le défenseur officieux ont été entendus, il est intervenu le jugement suivant, sur la déclaration unanime du juré, portant qu'il constant que dans le mois de nivôse dernier, il a été commis dans les magazins d'avoines et de fourrages, établi pour la république, à Rouen et autres commune voisine, des vols et dilapidations, que Paulmier est convaicu de l'avoir fait dans des intentions criminelles et contre-révolutionnaires; en conséquence le tribunal après avoir entendus l'accusateur public sur l'application de la peine et d'après les lois par lui invoquées, a condamné ledit Paulmier à la peine de mort, et déclaré ses biens confisqués au profit de la république.

Salle de la Liberté. Audience du 18 fructidor.

2752. Jean Baptiste Bouvret, âgé de 32 ans, natif de Brinon-sur-Armençon, département l'Yonne, ci-devant chanoine audit Brinon, et lors de son arrestation desservant de Bouilly, y demeurant: lecture faite de l'acte d'accusation, il en résulte que le susnommé est prévenu d'avoir tenu dans sa commune une conduite fanatique et des propos contre-révolutionnaires, et provoquant la dissolution de la représentation nationale, et d'avoir eu des intelligences avec les prêtres réfractaires. Après l'interrogatoire et les dépositions des témoins, les débats ont été fermés. Après que l'accusateur public et le défenseur officieux ont été entendus, il est intervenu le jugement suivant, sur la

déclaration unanime du juré : portant qu'il est constant qu'il a été tenu dans la commune de Bouilly, dans le courant de 1792, des propos tendans à provoquer la dissolution de la représentation nationale et le discrédit des assignats ; que l'accusé est convaincu d'avoir tenu ces propos, et de l'avoir fait dans des intentions contre-révolutionnaires ; en conséquence le Tribunal, après avoir entendu l'accusateur public sur l'application de la peine, et d'après les loix par lui invoquées, a condamné ledit Bouvret à la peine de mort, et déclaré ses biens acquis et confisqués au profit de la république.

Audience du nonidi 19 fructidor.

2753. Jacques Lombards, âgé de 44 ans, natif de Cloole, district de Grandpré, département des Ardennes, ex-notaire à Montfaucon, jusqu'en 1792, et depuis instituteur, domicilié à Macé, district susdit, Lecture faite de l'acte d'accusation, il en résulte que ledit Lombards s'est montré dans la commune de Macé, tant par sa conduite que par ses propos, l'ennemi juré de la liberté et le partisant de la tyrannie, après l'interrogatoire et les dépositions des témoins, les débats ont étés fermés ; après que l'accusateur public et le défenseur officieux ont étés entendus, il est intervenu le jugement suivant, sur la déclaration unanime du juré : portant qu'il est constant qu'il a existé une conspiration tendante à rétablir le despotisme, en favorisant les progrès des armées ennemies, en instruisant le commissaire général de l'armée Prussienne lors de l'invasion du territoire français en 1792, de la position de nos troupes, en montrant sur la carte procurée audit commissaire la route qu'il avoit à tenir pour entrer sur le territoire Français, que ledit Lombard est auteur ou complice de ladite conspiration, qu'il la fait dans des intentions contre-révolutionnaires ; en conséquence le Tribunal, après avoir entendu l'accusateur public sur l'application de la peine et d'après les loix par lui invoquées, a condamné ledit Lombard à la peine de mort, et déclaré ses biens acquis et confisqués au profit de la république.

Audience du 22 fructidor.

2754. Nicolas Desficés, natif de Vienne-le-Château, département de la Marne, cordonnier, domicilié à Roussy, département de l'Indre ; lecture faite de l'acte d'accusation, il en résulte que le susnommé est accusé d'avoir conspiré contre la souveraineté du peuple, et d'avoir frappé à grand coup de sabre les officiers municipaux de la commune de Vienne, et d'avoir fabriqué un faux certificat de ladite commune ; après les dépositions des témoins et l'intérogatoire subi par l'accusé, les débats ont été fermés ; après que l'accusateur public et le défenseur officieux ont été entendus, il est intervenu le jugement suivant, sur la déclaration unanime du juré : portant qu'il est constat qu'il a existé une grande conspiration contre la souveraineté du peuple ; que l'accusé Desficés est convaincu de cette conspiration, tendante à faciliter l'entrée des ennemis sur le territoire Français et à leur livrer la commune de Vienne par des signalemens convenus avec les ennemis ; qu'il est également constant que Desficés l'a fait dans des intentions contre-révolutionnaires ; en conséquence le Tribunal, après avoir entendu l'accusateur public, sur l'application de la peine et d'après les loix par lui invoquées, a condamné ledit Desficés à la peine de mort, et déclaré ses biens acquis et confisqués au profit de la République.

Audience du 23 fructidor.

2755. Toussaint Mennegand, âgé de 41 ans, natif de Besançon, horloger, domicilié audit lieu ; lecture faite de l'acte d'accusation, il en résulte que ledit Mennegand entretenoit journellement des liaisons avec les émigrés, qu'il a émigré lui même en 1791, et 1792, et qu'il a été apporté chez lui une malle d'émigré, avec lesquels il correspondoit, et leur fournissoit des chevaux. Après l'interrogatoire et les dépositions des témoins, les débats ont étés fermés ; après que l'acusateur public et le défenseur officieux ont été entendus, il est intervenu le jugement suivant, sur la déclaration unanime du juré : portant qu'il est constant qu'il a existé une grande conspiration contre la république, et que Mennegand est convaincu de s'être rendu l'auteur ou complice de ladite conspiration, et qu'il l'a fait dans des intentions contr-révolutionnaires ; en conséquence le Tribunal, après avoir entendu l'accusateur public, sur l'application de la peine et d'après les loix par lui invoquées, a condamné ledit Mennegand à la peine de mort, et ses biens confisqués au profit de la République.

Audience du 26 fructidor.

2756. Nicolas Sauniez, âgé de 27 ans, natif de Montreil-sur-Mer, perruquier, domicilié à Paris, rue du faubourg Martin ; lecture faite de l'acte d'accusation, il en résulte que ledit Sauniez étoit le fanatique le plus dangereux, et le partisant le plus zélé de la tyrannie ; après l'interrogatoire et les dépositions des témoins, les débats ont étés fermés. Après que l'accusateur public et le défenseur officieux ont été entendus, il est intervenu le jugement suivant, sur la déclaration unanime du juré : portant qu'il est constant qu'il a été tenu dans la section du Nord, des propos contre-révolutionnaires tendans à avilir la représentation nationale ; que l'accusé est convaincu d'avoir tenu ces propos, et qu'il est également convaincu de les avoir tenu dans des intentions contre-révolutionnaires ; en conséquence le Tribunal, après avoir entendu l'accusateur public, sur l'application de la peine, et d'après les loix par lui invoquées, a condamné ledit Sauniez à la peine de mort, et déclaré ses biens acquis et confisqués au profit de la République.

Séance du 28 fructidor.

2757. René Godineau, dit Flambard, âgé de 53 ans, natif de Traversone, journalier, domicilié audit lieu ; lecture faite de l'acte d'accusation, il en résulte que

Godineau

Godineau est accusé d'avoir arboré le drapeau blanc dans sa commune, à l'arrivée des brigands de la Vendée, à l'époque du 20 mai dernier; après l'interrogatoire, et les dépositions des témoins, les débats ont été fermés; après que l'accusateur public, et le défenseur officieux ont été entendus, il est intervenu le jugement suivant, sur la déclaration unanime du juré portant : qu'il est constant que le 5 mai dernier, dans la commune de Traverson, il a été proposé d'arborer le drapeau blanc, à l'arrivée des brigands de la Vendée, en disant que c'étoit des braves gens, que l'accusé est convaincu d'avoir fait ladite proposition et tenu lesdits propos, dans des intentions contre-révolutionnaires; en conséquence le Tribunal, après avoir entendu l'accusateur public, sur l'application de la peine, et d'après les loix par lui invoquées, a condamné ledit Godineau, dit Flamblard, à la peine de mort, et déclaré ses biens acquis et confisqués au profit de la République.

Audience du premier jour Sans-culotides.

2758. Jean-Joseph Bousquet, âgé de 40 ans, natif de Toulouse, marchand boucher, domicilié à Paris, rue Montmartre, section de Brutus, garde d'artillerie, ci-devant juré au tribunal révolutionnaire; lecture faite de l'acte d'accusation, il en résulte que le susnommé est prévenu d'avoir entretenu des correspondances avec le tyran Capet et sa femme, dans la nuit du 9 au 10 août 1792; après l'interrogatoire et les dépositions des témoins, les débats ont été fermés; après que l'accusateur public, et le défenseur officieux ont été entendus, il est intervenu le jugement suivant, sur la déclaration unanime du juré : portant qu'il est constant qu'il a existé une grande conspiration contre la souveraineté du peuple, en favorisant et secondant les complots du tyran Capet et sa famille, notamment dans les journées des 20 juin et 10 août 1792, pour massacrer les patriotes; que Bousquet est convaincu de s'être rendu auteur ou complice de cette conspiration, qu'il l'a fait dans des intentions contre-révolutionnaire; en conséquence le Tribunal, après avoir en-

C

tendu l'accusateur public sur l'application de la peine et d'après les loix par lui invoquées, a condamné ledit Bousquet à la peine de mort, et déclaré ses biens acquis et confisqués au profit de la République.

Audience du troisième jour Sans-culotides.

2759. Pierre Rigoulet, âgé de 62 ans, natif de Monbillard, département de la Haute-Saône, invalide et suisse d'origine, domicilié à Annet, même département, instituteur d'artillerie; lecture faite de l'acte d'accusation, il en résulte que Rigoulet est accusé d'avoir tenu des propos injurieux, et qu'il attendoit des nouvelles d'Evreux, et une lettre pour marcher à la tête de dix mille hommes, dont il devoit être le commendant, pour massacrer les autorités constituées; après l'intérogatoire et les dépositions des témoins, les débats ont été fermés; après que l'accusateur public et le défenseur officieux ont été entendus, il est intervenu le jugement suivant; sur la déclaration unanime du juré: portant qu'il est constant qu'il a existé une conspiration dans la commune d'Annet, a l'époque du mois de juin 1793; que Rigoulet est convaincu d'avoir tenu ces propos dans des intentions criminelles et contre-révolutionnaires; en conséquence le Tribunal, après avoir entendu l'accusateur public sur l'application de la peine et d'après les loix par lui invoquées, a condamné ledit Rigoulet à la peine de mort, et déclaré ses biens acquis et confisqués au profit de la République.

2760. Même audience. Giles Lavergnes, âgé de 39 ans, natif de St.-Domingue, ex-souslieutenant au régiment de la Fère, y demeurant; lecture faite de l'acte d'accusation, il en résulte que le susnommé est accusé d'avoir tenus des propos contre-révolutionnaires, et tendans à ébranler la fidélité des citoyens envers la nation, et à discréditer les assignats; après l'intérogatoire et les dépositions des témoins, les débats ont été fermés; après que l'accusateur public et le défenseur officieux ont été entendus, il est intervenu le jugement suivant, sur la déclaration unanime du juré: portant qu'il est constant qu'il a été tenu des propos tendans à avilir la représentation nationale et opérer la contre-révolution, et à empécher les volontaires de partir aux frontières et à discréditer les assignats, que l'accusé est convaincu d'avoir tenu lesdits propos, et pra-pratiqué lesdites manœuvres, et est également convaincu de l'avoir fait dans des intentions contre-révolutionnaires; en conséquence le Tribunal, après avoir en-entendu l'accusateur public sur l'application de la peine, et d'après les loix par lui invoquées, a condamné ledit Lavergnes, à la peine de mort, et déclaré ses biens acquis et confisqués au profit de la République.

2761. Même audience. Joseph Blat, âgé de 45 ans, natif de Calvy, ex-curé de Sireuil, y demeurant; lecture faite de l'acte d'accusation, il en résulte que le susnommé est accusé d'avoir tenu des propos contre-révolutionnaires, tendans à l'avilissement de la représentation nationale, des autorités constituées, et au rétablissement de la royauté; après l'interrogatoire et les dépositions des témoins, les débats ont été fermés; après que l'accusateur public et le défenseur officieux ont été entendus, il est intervenu le jugement suivant, sur la déclaration unanime du juré: portant qu'il est constant qu'il a été tenu des propos contre-révolutionnaires, tendans à l'avilissement de la représentation nationale et des autorités constituées, et que l'accusé est convaincu d'avoir tenus lesdits propos, qu'il est également convaincu de l'avoir fait dans des intentions contre-révolutionnaires; en conséquence le Tribunal, après avoir entendu l'accusateur public sur l'application de la peine, et d'après les loix par lui invoquées, a condamné ledit Josehp Blat à la peine de mort, et déclarés ses biens acquis et confisqués au profit de la république.

Audience du premier vendémiaire.

2762. Antoine Guignard, âgé de 39 ans, natif d'Heyrieux, cultivateur et officier municipal audit lieu.

2763. Jacques Marie Dorzat, âgé de 45 ans, fabricant de bas de soye, officier municipal d'Heyrieux, et natif du même lieu ; lecture faite de l'acte d'accusation ; il en résulte que les deux accusés sont prévenus d'avoir applaudi à la trahison de l'infâme Dumourier, et d'avoir dit que la convention n'étoit composée que d'un tas de brigands et de scélérats ; et que si les français vouloient avoir un roi, ils en seroient bien les maîtres ; après l'interrogatoire et les dépositions des témoins, les débats ont été fermés ; après que l'accusateur public et le défenseur officieux ont été entendus, il est intervenu le jugement suivant, sur la déclaration unanime du juré : portant qu'il est constant qu'il a existé une conspiration tendante à favoriser les projets de l'infâme Dumourier, à avilir la représentation nationale, et rétablir la royauté ; que Dorzat est convaincu d'être auteur ou complice de cette conspiration, et qu'il est convaincu de l'avoir fait dans des intentions contre-révolutionnaires, et que l'accusé Guignard est convaincu d'avoir favorisé les rebelles de Lyon, en députant deux commissaires au département, pour lui offrir une force armée de 100 hommes, et qu'il est également convaincu de l'avoir fait dans des intentions contre-révolutionnaires ; en conséquence le Tribunal, après avoir entendu l'accusateur public sur l'application de la peine, et d'après les lois par lui invoquées, a condamné lesdits Dorzat et Guignard à la peine de mort, et déclaré leurs biens acquis et confisqués au profit de la république.

Audience du tridi, 3 vendémiaire.

2764. Jean-Edeme Etienne, âgé de 26 ans, natif de Paris, fondeur, domicilié à Paris, rue Méry ; lecture faite de l'acte d'accusation, il en résulte que le susnommé est accusé d'avoir prêté le serment de fidélité à Louis XVI, lorsqu'il fut pris par les brigands de la Vendée, d'avoir, à son retour, tenu des propos contre-révolutionnaires, et tendans au rétablissement de la royauté. Après l'interrogatoire et les dépositions des témoins, les débats ont été fermés ; après que l'accusateur public et le défenseur officieux ont été entendus, il est intervenu le jugement suivant, sur la déclaration unanime des jurés : portant qu'il est constant qu'il a été tenu des propos contre-révolutionnaires tendans à dissoudre la convention, les autorités constituées, et au rétablissement de la royauté, que l'accusé est convaincu d'avoir tenus lesdits propos, dans des intentions contre-révolutionnaires ; en conséquence le Tribunal, après avoir entendu l'accusateur public sur l'application de la peine, et d'après les lois par lui invoquées, a condamné ledit Etienne à la peine de mort, et déclaré ses biens confisqués au profit de la république.

Audience du 4 vendémiaire.

2765. Pierre le Prince, âgé de 60 ans, né et domicilié à Dreux, département d'Eure-et-Loire, ex-chanoine de Mantes.

2766. Pierre Leforestier, âgé de 39 ans, natif de Mesnilbus, département de la Manche, ex-chapelain de l'hôtel-dieu de Paris, domicilié à Franciade, près ladite capitale. Lecture faite de l'acte d'accusation, il en résulte que lesdits Leforestier et le Prince, sont deux ci-devant prêtres réfractaires, et qu'ils sont convaincus d'avoir refusé de prêter le serment constitutionnel, et d'être sorti du territoire français pour chercher à passer chez l'ennemi, lors de leur arestation, sur l'extrême frontière de la Suisse, dans le courant de brumaire dernier, par la garde nationale de Sambocourt ; après l'interrogatoire et les dépositions des témoins, les débats ont été fermés ; après que l'accusateur public et le défenseur officieux ont été entendus, il est intervenu le jugement suivant, sur la déclaration unanime des jurés : portant qu'il est constant que le 23 brumaire dernier, il a été arrêté, sur l'extrême frontière de la Suisse, des prêtres réfractaires, et que les deux accusés sont convaincus de s'être rendus sur cette frontière dans le dessein d'émigrer et de se joindre aux ennemis de la république, et de l'avoir fait dans des intentions contre-révolutionnaires ; en conséquence le tribunal, après avoir entendu l'accusateur public sur l'application de la peine, et d'après les lois par lui invoquées, a condamné lesdits le Prince et Deforestier à la peine de mort, et déclaré leurs biens acquis et confisqués au profit de la république.

Audience du 7 vendémiaire.

2767. Philippe Aublin, âgé de 56 ans, natif de Dun, district de Montmédi, département de la Meuse, ci-devant homme de loi et notaire audit lieu, à présent domicilié à Seine, département des Ardennes; convaincu de s'être rendu l'auteur ou le complice d'une conspiration qui a existé dans la commune de Dun, en septembre, 1792, en arborant la cocarde et le drapeau blanc, ou armes de l'infâme Condé, en brûlant et foulant aux pieds les drapeaux tricolores, et que l'accusé Aublin est convaincu de l'avoir fait dans des intentions contre-révolutionnaires; en conséquence le Tribunal, après avoir entendu l'accusateur public sur l'application de la peine, et d'après les lois par lui invoquées, a condamné ledit Aublin à la peine de mort.

2768. Même audience. Catherine Renaud, femme Jacquet, âgée de 43 ans, native de Sany, département de la Meuse, domestique vigneronne, à Dun, convaincue d'être auteur ou complice, avec Aublin, dans la conspiration qui a existé en septembre, 1792, dans la commune de Dun, et que l'accusée est convaincue de l'avoir fait dans des intentions contre-révolutionnaires; en conséquence le Tribunal, après avoir entendu l'accusateur public sur l'application de la peine, et d'après les lois par lui invoquées, a condamné ladite femme Jacquet à la peine de mort.

Audience du 7 et 8 vendémiaire.

2769. Claude-Jacques Vuilhem, âgé de 36 ans, natif de Luxeuil, huissier, domicilié audit Francony, menuisier.

2770. Marie Thoillion, âgée de 44 ans, native dudit lieu, veuve Cordelier, aubergiste audit endroit; lecture faite de l'acte d'accusation, il en résulte que les accusés sont prévenus d'avoir tenus, dans la commune de Francony, des propos contre-révolutionnaires, tendans à avilir la convention et les autorités constituées, à outrager les défenseurs de la patrie, à ébranler leur fidélité envers la nation ; après l'interrogatoire et les dépositions des témoins, les débats ont été fermés ; après que l'accusateur public et le défenseur officieux ont été entendus, il est intervenu le jugement suivant, sur la déclaration unanime des jurés : portant qu'il a existé une grande conspiration contre la souveraineté du peuple, et que les accusés sont convaincus de l'avoir fait dans des intentions contre-révolutionnaires ; en conséquence le Tribunal, après avoir entendu l'accusateur public sur l'application de la peine, et d'après les lois par lui invoquées, a condamné lesdits Jacques Vuilhem et Thoillion, veuve Cordelier, à la peine de mort.

Audience du 12 vendémiaire.

2771 Jacques Raux, âgé de 64 ans, natif de Dun-sur-Loire, ex-chanoine, domicilié en ladite commune. Lecture faite de l'acte d'accusation, il en résulte que le susnommé est accusé d'avoir pratiqué, dans la commune de Dun, en tenant des conciliabules fanatiques et propres à fanatiser la superstition, en y célébrant des messes et des mariages, et dressant des actes, au mépris des lois; en faisant distribuer et colporter des écrits contre-révolutionnaires pour égarer le peuple; que l'accusé Raux est convaincu de s'être rendu l'auteur ou complice desdites manœuvres fanatiques, et qu'il l'a fait dans des intentions contre-révolutionnaires ; en conséquence le Tribunal, après avoir entendu l'accusateur public, sur l'application de la peine, et d'après les lois par lui invoquées, a condamné ledit Jacques Raux à la peine de mort, et déclaré ses biens acquis et confisqués au profit de la république.

Audience du tridi, 13 vendémiaire.

2772. Le nommé Ponce Davesne, âgé de 37 ans, natif de Signy-Librecy, ex-membre de la commune

(24)

du 10 août, à Paris, capitaine des travaux publics, ex-commissaire du pouvoir exécutif, nommé par l'ex-ministre Servan, domicilié en ladite commune; le sus-nommé est accusé d'avoir fait une mauvaise fourniture pour le compte de la république, en faisant fabriquer une grande quantité de piques, en bois tortu et pourri, incapables de pouvoir servir aux défenseurs de la patrie, et qu'il est convaincu de l'avoir fait dans des intentions criminelles et contre-révolutionnaires; en conséquence le Tribunal, après avoir entendu l'accusateur public, sur l'application de la peine, et d'après les lois par lui invoquées, a condamné ledit Ponce Davesne à la peine de mort.

Affaire d'Etienne-Philippe Renard et ses complices, de la commune de Fontevrault.

Audience du 16 vendémiaire.

2773. Etienne-Philippe Renard, âgé de 58 ans, natif de Paris, avant la révolution notaire, et depuis juge de paix, cultivateur, domicilié à Fontevrault.

2774. Paul-Alexandre Chebrignac, dit Condé, âgé de 65 ans, natif de Dunkerque, ex-capitaine des carabiniers, et cultivateur audit Fontevrault.

2775. François Drouin, âgé de 42 ans, natif de Richelieu, département d'Indre et Loire, marchand et cultivateur audit Fontevrault, notaire, officier municipal, et procureur de ladite commune.

2776. Pierre Bourreau, âgé de 51 ans, natif de Saumur, commis à la recette du district, officier municipal dudit Fontevrault, avant la révolution, huissier à la ci-devant connétable.

2777. Hilaire-François Guillon, dit Duplessis, âgé de 41 ans, natif de Mazé, département de Meine et Loire, ex-religieux de Fontevrault, domicilié audit lieu.

Alexandre

2778. Alexandre Guerrier, âgé de 47 ans, natif de Vicq-sur-Allier, ex-curé de Fontevrault, et maire de ladite commune.

2779. Jean Billard, âgé de 62 ans, natif de Signy Librecy, département des Ardennes, brigadier de gendarmerie, domicilié audit Fontevrault ; Lecture faite de l'acte d'accusation, il en résulte que les susnommés sont accusés d'avoir eu des correspondances avec les brigands de la Vendée, et d'avoir signé comme officier municipaux des passeports au nom de Louis dix-sept, et daté de son règne, d'avoir participé à la vente d'un arbre de la liberté, et plusieurs autres conspirations qui ont existé dans la commune de Fontevrault ; après l'interrogatoire, et les dépositions des témoins, les débats ont été fermés, après que l'accusateur public et le défenseur officieux ont été entendus, il est intervenu le jugement suivant : sur la déclaration unanime du juré, portant qu'il est constant qu'il a existé une grande conspiration dans la commune de Fontevrault, et que les accusés sont convaincus d'être auteurs ou complices de cette conspiration et quils sont également convaincus de l'avoir fait dans des intentions criminelles, et contre-révolutionnaires, en conséquence le tribunal, après avoir entendu l'accusateur public, sur l'application de la peine, et d'après les loix par lui invoquées, a condamné les ci-dessus dénommés à la peine de mort, et déclarés leurs biens acquis et confisqués au profit de la République.

Audience du 21 vendémiaire.

2780. Le nommé François-Antoine Marguet, âgé de 45 ans, natif de Suippe, département de la Marne, juge du tribunal du district de Montagne-sur-Aisne, domicilié en ladite commune ; lecture faite de l'acte d'accusation, il en résulte que le susnommé est accusé d'avoir été un des partisans de la royauté, d'avoir signé une adresse à l'époque de la journée du 20 juin 1792, et d'avoir méprisé les armées Française, après l'interrogatoire et dépositions des témoins les débats ont été fermés ; après que l'accusateur public et le

D

défenseur officieux ont été entendus, il est intervenu le jugement suivant, sur la déclaration unanime du juré : portant qu'il est constant qu'il a existé une grande conspiration, et que l'accusé est convaincu d'être auteur ou complice de cette conspiration, et qu'il est également convaincu de l'avoir fait dans des intentions criminelles et contre-révolutionnaires ; en conséquence le Tribunal, après avoir entendu l'accusateur public sur l'application de la peine, et d'après les loix par lui invoquées, a condamné ledit Marguet à la peine de mort.

Salle de la Liberté. Audience du 24 vendémiaire.

2781. Interrogé de ses noms, surnoms, âge, qualités et demeure, a répondu se nommer François Beaufils, âgé de 58 ans, né à Menu, département de l'Orne, ex-curé constitutionnel de la commune de St.-Cristophe, département d'Eure et Loire, y demeurant, prévenu d'avoir distribué des écrits contre-révolutionnaires et fanatiques ; lecture faite de l'acte d'accusation, il en résulte que ledit Beaufils est convaincu d'avoir tenu des propos, et fait des écrits fanatiques et contre-révolutionnaires ; après l'interrogatoire et les dépositions des témoins, les débats ont été fermés ; après que l'accusateur public et le défenseur officieux ont été entendus, il est intervenu le jugement suivant, sur la déclaration unanime du juré : portant qu'il est constant qu'il a été tenu des propos, et fait des écrits fanatiques et contre-révolutionnaires, tendants à rétablir le fanatisme et égarer les citoyens, que ledit Beaufils est convaincu de l'avoir fait dans des intentions criminelles et contre-révolutionnaires ; en conséquence le Tribunal, après avoir entendu l'accusateur public, sur l'application de la peine, et d'après les lois par lui invoquées, a condamné ledit Beaufils à la peine de mort, et déclaré ses biens acquis et confisqués au profit de la république.

Salle de l'Égalité. Audience du 8 brumaire.

2782. Interrogé de ses noms, surnoms, âges, qualités

et demeure, a répondu se nommer, le premier, Pierre Moulin, âgé de 36 ans, né à Perrigueux, département de la Dordogne, y demeurant, homme de loi, et ex-accusateur public, près le district de Perrigueux.

2783. Pierre-Montel Lamberty, âgé de 38 ans, né à Limoges, département de la Haute-Vienne, ex-vicaire épiscopal à Perrigueux, demeurant à Crétat, département de la Dordogne.

1784. Pierre Éléonore Pipaud, âgé de 43 ans, né à Jarnac, département de la Charente, demeurant à Perrigueux, homme de loi, ex-procureur Syndic du département de la Dordogne, prévenus d'avoir entretenu des intelligences avec les ennemis de la république, et des manœuvres fédéralistes et contre-révolutionnaires; lecture faite de l'acte d'accusation, il en résulte que les ci-dessus dénommés sont accusés d'avoir pratiqué des manœuvres fédéralistes et contre-révolutionnaires dans le département de la D'ordogne; après l'interrogatoire et les dépositions des témoins, les débats ont été fermés; après que l'accusateur public et le défenseur officieux ont été entendus, il est intervenu le jugement suivant, sur la déclaration unanime du juré: portant qu'il est constant qu'il a existé des manœuvres fanatiques et contre-révolutionnaires, et que lesdits Pierre Moulin, Lamberty et Pipaud, sont convaincus d'être tous auteurs ou complices desdites manœuvres, et de l'avoir fait dans des intentions criminelles et contre-révolutionnaires; en conséquence le Tribunal, après avoir entendu l'accusateur public, sur l'application de la peine, et d'après les lois par lui invoquées, a condamné lesdits Moulin, Lamberty et Pipaud, à la peine de mort, et déclaré leurs biens acquits et confisqués au profit de la république; ils ont été exécutés sur la place de grève.

Troisième salle. Audience du 11 brumaire.

2785. Interrogé de ses noms, surnoms, âges, qualités et demeure, a répondu se nommer Bidau, âgé de 40 ans environ, le ci-dessus dénommé est prévenu d'avoir fait des rassemblemens fanatiques, dans lesquels on provoquoit l'avilissement de la représentation nationale et des autorités constituées, et tendante à exciter la guerre civile, en armant les citoyens les uns contre les autres; le greffier donne lecture de l'acte d'accusasion, il en résulte que Bidau est accusé d'avoir fait des rassemblements fanatiques, dans lesquels on provoquoit l'avilissement de la convention nationale; après l'interrogatoire subi par l'accusé, et les dépositions des témoins, les débats ont été fermés; après que l'accusateur public et le défenseur officieux ont été entendus, il est intervenu le jugement suivant, sur la déclaration unanime du juré: portant qu'il est constant qu'il a existé une conspiration contre la représentation nationale et les autorités constituées, tendante à exciter la guerre civile, en armant les citoyens les uns contre les autres; en conséquence le Tribunal, après avoir entendu l'accusateur public, sur l'application de la peine, et d'après les lois par lui invoquées, a condamné ledit Bidau à la peine de mort, et déclaré ses biens acquits et confisqués au profit de la république.

Audience du 11 brumaire.

2786. François Bidau, natif de Plédra, maire de la dite commune; le greffier donne lecture de l'acte d'accusation, il en résulte que le susnommé est prévenus d'avoir employé des manœuvres fanatiques pour égarer les citoyens de la commune de Plédra; après l'interrogatoire et les dépositions des témoins, les débats ont étés fermés; après que l'accusateur public et le défenseur officieux ont été entendus il est intervenu le jugement suivant: sur la déclaration unanime des jurés, portant qu'il est constant qu'il a été tenus des propos fanatiques et manœuvres contre-révolutionnaires dans ladite commune, et que ledit Bidau est convaincus d'avoir tenu lesdits propos et qu'il l'a fait dans des intentions criminelles et contre-révolutionnaires; en conséquence le tribunal, après avoir entendu l'accusateur public sur l'application de la peine, et d'après les lois par lui invoquées a condamné ledit Bidau à la peine de mort et déclaré ses biens acquis et confisqués au profit de la république.

Audience du 16 brumaire.

2787. Benigne Arcelot, âgé de 45 ans, natif de Renne, district de Seneur département de la Côte-d'Or, tailleur; le greffier donne lecture de l'acte d'accusation, il en résulte que le susnommé est prévenu d'avoir tenu des propos contre-révolutionnaires et employé des manœuvres fanatiques; après l'interrogatoire subi par l'accusé et les dépositions des témoins, les débats ont été fermés; après que l'accusateur public et le défenseur officieux ont été entendus, il est intervenu le jugement suivant : sur la déclaration unanime des jurés, portant qu'il est constant qu'il a été tenu des propos fanatiques et contre-révolutionnaires, et que ledit Benigne est convaincu d'avoir tenu lesdits propos, et qu'il est également convaincu de l'avoir fait dans des intentions criminelles et contre-révolutionnaires, a été condamné à mort, et exécuté le même jour.

Affaire des membres du comité révolutionnaire de Nantes.

Détail des horreurs comises par les membres de ce comité dans le département de la Loire-Inférieure, et principalement à Nantes. Audience du quintidi, 25 Vendémiaire. L'acusateur public expose que par arrêté des représentants du peuple Bourbotte et Bô, en date du 5 thermidor, lors en mission près l'armée de l'Ouest et dans les départements en dépendants; interrogé de leurs noms sur noms, âges, qualités et demeures, ont répondu se nommer : le premier Jean-Jacques Goulin, membre du comité révolutionnaire de Nantes né à St.-Domingue, demeurant à Nantes.

Pierre Chaux *idem.*

Michel Moreau, dit Grand-Maison *idem.*

Jean-Marguerite Bachelier *idem.*

Jean Perrochaux *idem.*

Jean-Baptiste Mainguet *idem.*

Jean l'Évêque *idem*.

Louis Naud *idem*.

Antoine-Nicolas Bolognicl *idem*

Pierre Gallon *idem*.

Jean-François Durassier *idem*.

Augustin Bataillé *idem*.

Jean-Baptiste Joly *idem*.

Jean Pinard, commissaire du comité révolutionnaire Nantes. Ils ont tous été envoyés au tribunal révolutionnaire, séant à Paris, comme prévenus de concussions, d'actes arbitraires, de dilapidations, de vols, de brigandages, d'abus, d'autorités; d'avoir prononcé des arrêts de mort, ainsi qu'il résulte des interrogatoires qu'ils ont subis, des procès verbaux et déclaration des témoins, jointes aux pièces adressée à l'accusateur public; tous ce que la cruauté a de plus barbare, tous ce que le crime a de plus perfide, tout ce que l'autorité a de plus arbitraire, tous ce que l'immoralité a de plus révoltant, composent l'acte d'accusation des membres du comité révolutionnaire de Nantes, dans les fastes les plus reculés du monde, dans toutes les pages de l'histoire, même des siècles barbares, on trouveroit à peine des traits qui puissent se raprocher des horreurs commise par les accusés. Néron fut moins sanguinaire, Phalaris moins barbare, et Syphare fut moins cruelle; sous le masque du patriotisme, ils ont osé commettre tous les forfaits, ils ont assassiné la vertu pour couronner le crime; ils ont froidement médité le meurtre, l'assassinat; le cri de l'innocence a été étouffé, la vertu offensée, la nature outragée, et le voile dégoûtant du crime a couvert la statue de la liberté. Ces êtres immoraux sacrificient tout à leurs passions; la liberté, le premier de tous les biens ce doux présent de la nature, que les siècles barbares avoient bannis du sol français qui vient d'établir son temple sur les débris du despotisme; la liberté avoit fui les bords de la Loire; le voyageur incertain entroit en tremblant dans cette ville, qui le premier sonna le tocsin de la liberté, ils ne trouvoient plus ces Nantais, ces républicains qui, les premier, osèrent attaquer l'hidre effrayant qui rampoit dans les marais de la Bretagne ; on y voyoit que des femmes éplorées redemandant leurs enfants ; tels étoient l'ouvrage des accusés qui se disoit les seuls patriotes, tels étoient le fruit de leurs forfaits. Bô, représentant du peuple a d'un seul trait tracés toutes ces vérités dans la lettre qu'il a écrit à l'accusateur public, en lui envoyant les accusés. Les cent trente-deux nantais sont envoyés à Paris, sans cause, sans motif ; leur voyage est un tissu de malheur, et la relation de leurs voyages ne peut être lue sans frémir d'horreur de tous les maux qu'ils ont souffert ; traînés comme des criminels de prison en prison : arrivés à Paris, on demande quel est leurs crimes. Le comité est sommé de donner les faits ; il répond qu'il n'en a pas, et cependant ils sont au tribunal révolutionnaire. L'épouse d'un de ces infortunés vient à Paris réclamer la justice, une lettre du comité l'y précède ; on la représente comme une messaline ; et pour voiler la vérité, ont fait traîner au cachot le malheureux père, qui venoit au nom de la nature, réclamer l'époux de sa fille ; plusieurs de ces scélérats signèrent cette lettre, qui fut envoyée à la section de Lepelletier, qui se trouve aux pièces du procès. Le 15 frimaire, de nouvelles victimes sont désignées ; cent trente-deux sont voués à la mort ; l'ordre de les fusiller est donné, ce fut plusieurs de ses scélérats qui signèrent cette ordre barbare, jamais la lime du temps n'effacera l'empreinte des forfaits commis par ces hommes atroces, la Loire roulera toujours des eaux ensanglantées et le marin étranger n'abordera qu'en tremblant sur les côtes couverte des ossements des victimes égorgées par la barbarie, et que les flots indignés auront vomis sur ses bords la nuit du 24 au 25 frimaire. Cent vingt prisonniers pris au hasard sont arrachés des cachots, liés, garrottés, traînés sur le port, embarqués sur une gabarre et engloutis sous les eaux. Goullin tenoit la liste fatale, Joly lioit les malheureuses victimes et Grand-Maison, les précipitoit dans la Loire. Que de victimes innocentes ! des enfants sortant à peine des mains de la nature, ne purent toucher le cœur de ses barbares, Mainguet est le seul d'entreux qui déclare en avoir soustrait au naufrage plus de cinq cent, qu'il confia aux soins des habitants à l'insu du comité. Deux des malheureux, dévoués à la mort, engloutis sous les eaux; luttent contre les flots et s'échappent à la faveur des ombres de la nuit; c'étoit Leroi et Garnier; ils sont rencontrés le landemain encore tremblant et respirant à peine, Goullin, Chaux, et Grand-Maison en sont instruits, ils délibèrent si on les replongera à l'eau, et il finissent par les mettre dans des cachots, où il languirent pendant trois mois: tels est en substances les forfaits qui ont signalé les membres du comité révolutionaire de Nantes, tels sont les horreurs dont ils se sont rendus auteurs ou complices, et tels sont les crimes que l'on peut reprocher à tous, collectivement. Qu'on jette un regard sur leurs vies privées qu'on les considéres particulièrement, on verra, Goullin, commendant despotiquement ses collègues et les forcer à signer tout ce que sa cruauté lui suggéroit; on l'entendra répondre à une malheureuse épouses, qui demandoit son mari, bon; qu'importe, plutôt il mourra plutôt nous aurons son bien; parcourez la vie de Chaux, vous le verrez au district, intimidant et menaçant tous ceux qui paroissent ses concurrens; se faire adjuger toutes les métairies de la terre de Barossière; vous l'entendrez en parlant d'un local qui lui convenoit: je connois un moyen pour me le procurer, je ferai arrêter le propriétaire; et pour sortir de prison, il sera assez heureux de m'abandonner son terrain. Perrochaux marchande froidement la liberté des citoyennes; la fille Bretonville, sollicite pour son père, pour prix de sa liberté, il exige le sacrifice de l'honneur de cette intéressante sollicitéuse, il demande à la citoyenne Ollémard Dudan, 50,000 livres pour l'exempter d'être incarcérée.

Il saisit chez la veuve Daignau Mallet pour 60,000 liv. de tabac; il la conduit en prison; quelques temps après elle recouvre sa liberté; elle reclame ses marchandises, Perrochaux paroit s'interresser pour elle,

Fin du dixième Numéro, et la suite de la procédure des membres du comité révolutionaire de Nante, ainsi que l'instruction entière de l'affaire de Carrier, au n° XI

www.ingramcontent.com/pod-product-compliance
Lightning Source LLC
Chambersburg PA
CBHW060541050426
42451CB00011B/1794